QUELQUES SOUVENIRS

DESTINÉS

A SERVIR DE COMPLÉMENT

AUX

PREUVES DE L'EXISTENCE

DU

Duc de Normandie,

FILS DE LOUIS XVI.

Par A. T. Morin-de-Guérivière.

Prix : 50 centimes.

A PARIS,

CHEZ TOUS LES MARCHANDS DE NOUVEAUTÉS.

NOVEMBRE 1832.

PARIS. IMPRIMERIE D'HERHAN,
Rue St-Denis, 380.

QUELQUES

SOUVENIRS.

INTRODUCTION.

Depuis quelque temps on parle beaucoup à Paris, et encore plus dans les départemens, de l'existence du duc de Normandie, fils de Louis XVI. Cette question, que tous les efforts des hommes de la restauration ont tendu à faire considérer comme une fable absurde, ou au moins comme un problême insoluble, a cessé désormais de faire partie du domaine des incertitudes.

La vérité, long-temps voilée d'un crêpe, sort enfin du sommeil léthargique dans lequel on était parvenu à l'ensevelir : bientôt, portée sur les ailes de la renommée, elle parcourra toutes les contrées du globe, et imprimera, en caractères indélébiles, le stigmate de l'infamie sur le front et jusque sur la tombe de ceux qui ont été les auteurs ou les complices de ce meurtre politique.

Je le répète, déjà l'existence du fils de Louis XVI n'est plus un mystère : une infinité de personnes, dont j'ai le bonheur de faire partie, ont vu cet auguste rejeton de tant de rois, ont entendu de sa bouche le récit de ses infortunes, et ont pu, comme moi, admirer en lui la noble franchise, la bonté d'Henri IV, et, par-dessus tout, un ardent amour de la patrie, seul héritage qu'il ait été permis à son vertueux père de lui transmettre en mourant. D'autres ont lu les diverses brochures qu'on a fait paraître dans l'intérêt de ce prince, et y ont trouvé, avec autant de surprise que d'horreur, la solution de plusieurs énigmes sanglantes, dont le mot était un nom de *Roi*..... Les *Mémoires du duc de Normandie*, écrits et publiés par lui-même, ont achevé de mettre au grand jour tous les points sur lesquels il pouvait rester encore quelque doute à éclaircir. Parmi les contemporains de notre première révolution, il n'est personne qui ne retrouve dans cet ouvrage quelque impression d'enfance, quelque souvenir de jeunesse; et si, sur chacun des faits qui y sont racontés, on pouvait recueillir le témoignage de tous les gens à la connaissance desquels ils sont parvenus, soit directement, soit indirectement, on en formerait bientôt un faisceau de preuves plus que suffisant pour dissiper le peu de ténèbres dont l'incrédulité, la prévention et la mauvaise foi voudraient encore envelopper l'existence de Louis XVII.

Toutefois, on observera qu'en publiant ses Mémoires, le prince a dû s'imposer certaines réserves, et s'en tenir à rapporter les diverses circonstances de sa vie, sans y faire entrer aucune réflexion tendant à en démontrer l'authenticité. Celui qui écrit l'histoire d'une nation ou d'un individu peut, à son gré, commenter et discuter les événemens qu'il relate; il peut rapprocher des versions, déduire des conséquences, rejeter ou admettre telle autorité de préférence à telle autre; en un mot, il lui est permis d'émettre une opinion, et de chercher, quelle qu'elle soit, à la faire partager à ses lecteurs. Mais cette faculté est interdite à l'homme qui écrit l'histoire de sa vie : simple narrateur du passé, il doit, tout en s'occupant de lui-même, faire en quelque sorte abstraction de sa personne. S'il soumet au jugement de ses concitoyens sa conduite politique ou privée, il doit le plus souvent leur laisser le soin d'apprécier les motifs qui l'ont dirigée; s'il veut combattre des préventions élevées contre lui, répondre à des objections, confondre des détracteurs, il doit se contenter d'invoquer les faits à son aide, et s'abstenir de toute dissertation logique dont le *moi* serait la conclusion inévitable. C'est dans cet esprit qu'ont été conçus et rédigés les Mémoires du duc de Normandie; c'est avec la même simplicité, la même abnégation de soi-même, que doit être écrit, selon moi, tout ouvrage dont l'auteur tient à ne pas se rendre suspect de vanité ou de charlatanisme.

Mais si le prince a dû se renfermer dans les limites d'une simple énonciation de faits, il est du devoir de ceux pour qui ces faits sont devenus des vérités incontestables, de produire à l'appui les preuves sur lesquelles ils ont basé leur conviction. Dans une cause qui doit si vivement intéresser tous les Français, puisque c'est celle du malheur aux prises avec la force brutale, l'humanité impose à chacun la loi de rendre public tout ce qu'il possède de documens et de témoignages pouvant conduire à la manifestation de la vérité. C'est, au reste, remplir une tâche que le pouvoir, si méticuleux pour tout ce qui touche à ses prérogatives, n'aurait dû abandonner à personne le soin d'entreprendre avant lui. Car, si l'homme qui se présente aujourd'hui comme fils de Louis XVI a qualité pour revendiquer ce titre respectable, ou si ce n'est qu'un nouvel imposteur à ranger dans la classe de ceux dont les tribunaux, d'accord avec le mépris public, ont déjà fait justice ; dans l'une comme dans l'autre hypothèse, il est de l'intérêt des gouvernans de s'opposer à la propagation d'une croyance qui, se fortifiant de jour en jour, peut leur devenir aussi nuisible qu'elle leur est injurieuse. Pourquoi donc n'ont-ils pas répondu aux Mémoires du duc de Normandie et aux autres brochures qui ont paru dans le même sens? Plus que qui que ce soit, ils devraient avoir entre les mains des preuves assez fortes pour détruire, s'il y avait lieu, les assertions contenues dans ces ouvrages. Leur silence ne serait-il pas un aveu tacite de l'impuissance où ils sont de les réfuter victorieusement (1)?....

Sans m'arrêter ici à rechercher les motifs d'une conduite pour le moins extraordinaire, je me contenterai d'ajouter aux documens qui ont déjà été fournis relativement à l'existence du duc de Normandie, le récit fidèle, et aussi abrégé qu'il me sera possible, de quelques circonstances particulières de ma vie; circonstances qui démontreront évidemment que le Dauphin n'est pas mort dans la prison du Temple, et qu'il vivait encore en 1823. J'ai de bonnes raisons pour savoir avec certitude que, depuis cette époque il n'a pas cessé d'exister ; mais j'attendrai, pour les produire, que le gouvernement ait enfin cru devoir écouter la voix

(1) Dans un moment où la liberté de la presse est plus que jamais entravée, il importe d'expliquer ses pensées de manière que la susceptibilité du ministère public ne puisse trouver aucun prétexte pour les détourner de leur véritable sens. Je déclare donc que les réflexions qui précèdent n'ont point été écrites dans le but d'exciter à la haine ou au mépris de la royauté de juillet; mais au contraire, dans celui de prévenir cette haine et ce mépris, en conseillant au gouvernement, ou de prouver la non existence de Louis XVII, ou d'accorder à ce prince la reconnaissance d'état qu'il demande avec tant d'instances.

de la justice, et faire procéder à une enquête dans le but de satisfaire à la réclamation du duc de Normandie. Quant aux événemens que je vais rapporter, je puis d'autant mieux en garantir la stricte exactitude, que je ne tiendrai sous silence les noms d'aucun des lieux où ils se sont passés, ni d'aucune des personnes qui y ont participé d'une manière quelconque.

Je ne crains pas qu'on aille aux sources; je le désire, au contraire : car il est possible qu'on arrive ainsi à découvrir les motifs cachés de quelques-uns des actes mentionnés dans les deux premiers chapitres de cette relation, et dont mon extrême jeunesse, à l'époque où ils ont eu lieu, ne m'a peut-être pas permis d'apprécier toute l'importance. Cependant, je m'empresse de le dire d'avance, la part que je ferai aux conjectures sera pour ainsi dire nulle : je laisserai parler les faits, et j'ose me flatter qu'ils parleront assez haut. Après tout, si je ne pouvais éviter qu'un reproche me fût adressé, j'aimerais mieux encourir celui d'avoir omis plusieurs circonstances qui, sans être dénuées d'intérêt, ont pu néanmoins échapper à la sagacité d'un enfant, que de m'exposer volontairement au blâme d'en avoir avancé une seule aux dépens de la vérité.

CHAPITRE I.

Mon père, issu d'une ancienne famille de Bretagne, occupait, pendant la révolution, la place de greffier du comité civil de la section de Bonne-Nouvelle. Avant ce temps, il avait exercé un emploi dans l'administration royale des loteries, où il était entré sur la recommandation personnelle de *Madame,* comtesse d'Artois. Regrettant au fond de son cœur la dynastie dont la hache révolutionnaire avait abattu les plus augustes têtes, il se faisait un devoir d'être utile aux royalistes persécutés, toutes les fois que les attributions de sa nouvelle charge lui en offraient les moyens. Ce fut ainsi qu'il procura des passe-ports, pour voyager dans toute l'étendue de la république, à un certain *Jenais Ojardias,* homme entièrement dévoué à la cause des Bourbons.

Cet Ojardias, qui avait émigré, se trouvait à Paris en 1795, chargé par le prince de Condé d'une mission secrète, dont, trop jeune alors, je ne m'inquiétai nullement de découvrir le but. Je crois l'avoir pénétré depuis, et je me propose d'en basarder quelques mots dans la suite de ce récit. Cependant, comme je tiens avant tout à être vrai, je ne chercherai point à imposer à mes lecteurs une opinion qui, quoique assez plausible, pourrait bien en définitive, être erronée, et les égarer dans les recherches que plusieurs d'entr'eux jugeront sans doute à propos de faire pour saisir les ressorts cachés de cette intrigue. Ce qu'il y a de certain, c'est que j'en fus le pivot. Par une singulière bizarrerie de la nature, il existait entre le dauphin et moi la plus parfaite conformité de physionomie ; j'avais, il est vrai, quelques années de plus que ce jeune prince, mais la petitesse de ma taille, et surtout la faiblesse excessive de ma constitution, faisaient disparaître presque entièrement cette différence d'âge, et me donnaient un air souffrant et maladif. La réunion extraordinaire de ces circonstances dut se prêter à merveille aux desseins d'Ojardias ; toujours est-il qu'elle fut pour moi la source d'un assez grand nombre d'aventures qui méritent d'être connues. La première fut mon départ subit de Paris avec cet agent du prince de Condé, et une chose digne de remarque, c'est qu'il eut lieu précisément la veille du jour où l'on apprit dans la capitale la mort du prétendu fils de Louis XVI. Je puis dire, au reste, que ce fut plutôt un enlèvement qu'un départ; car, outre que je n'y avais point été préparé, et que conséquemment ma volonté n'y entrait pour rien, le chagrin mortel que cette violente séparation causa à ma mère, prouve qu'elle s'effectua sans son aveu, et même probablement à son insu : mon père seul y donna les mains. Je reviendrai plus tard sur les tristes conséquences que cet événement fit peser sur ma famille.

Ojardias demeurait dans la rue Bourbon-Villeneuve, à l'*hôtel de France*, tenu par un nommé *Thome*. Ce fut de cette maison que, le 7 juin 1795, nous partîmes en poste dans une bonne berline, toujours attelée de trois ou quatre chevaux. La nuit du même jour, nous passâmes par la forêt de Fontainebleau. Avant d'y arriver, j'entendis quelqu'un dire à Ojardias que cette route n'était pas sûre, et qu'il était de la dernière imprudence de s'y engager à une heure aussi avancée. Cet avis peu rassurant, joint au chagrin que j'éprouvais de me voir ainsi entraîné loin de tous les objets de mon affection, me causa un effroi difficile à décrire: fort heureusement, j'en fus quitte pour la peur. Nous nous rendîmes directement à Moulins : ce fut là que nous apprîmes la mort de l'enfant détenu au Temple.

En partant de cette ville, nous traversâmes le Bourbonnais; nous couchâmes à Chateldon, et le lendemain nous entrâmes dans la ville de Thiers, où je fus déposé chez M. *Barge-Béal*, ancien fabricant de papier, et ex-seigneur du pays. Je reçus de lui et de sa famille l'accueil le plus gracieux; il me combla de prévenances et me dit qu'il n'épargnerait aucun effort pour me rendre agréable le séjour de sa maison. Après m'avoir remis entre ses mains, mon conducteur partit sur-le-champ pour Lyon, où, d'après ce que j'ai entendu dire depuis, il avait une autre mission particulière du prince de Condé.

Peu de temps après mon arrivée, je fus informé que des commissaires du gouvernement s'étaient rendus en toute hâte à la

maison de campagne de M. Barge-Béal : cette propriété, nommée *les Bureaux*, était située à environ une demi-lieue de la
ville. L'ordre fut aussitôt donné de m'y transporter : le fils de
M. Barge vint me prendre à Thiers, et me fit monter en croupe
sur son cheval.

En arrivant aux Bureaux, je fus introduit dans une salle à
manger, où je trouvai quatre ou cinq personnes avec M. Barge,
et entre autres un officier de gendarmerie nommé *Leroux*, ami
et commensal de la maison. Je ne fus pas médiocrement surpris
de voir ces messieurs lancer sur moi des regards scrutateurs comme
s'ils avaient voulu lire au fond de ma pensée ; et ma surprise se
changea bientôt en crainte, lorsque l'un d'eux manifesta le désir
de me parler sans témoins. M. Barge y consentit, et lui indiqua
à cet effet une chambre à coucher située au-dessus de la pièce
où nous étions réunis.

Mille sentimens divers vinrent alors assaillir mon faible cer-
veau et faire battre mon cœur. Comme la fatigue que m'avait
occasionée le voyage avait un peu altéré ma santé, très délicate à
cette époque, je fus tenté de croire un moment que j'avais affaire à un médecin envoyé pour me donner des soins; mais cette
idée tranquillisante ne tarda pas à s'évanouir en présence d'un
pressentiment sinistre, causé en moi par le souvenir d'une scène
fâcheuse dont Ojardias m'avait rendu témoin : voici le fait.

Vers la moitié du chemin de Paris à Thiers, une chaise de
poste, surmontée d'un petit drapeau tricolore, dépassa notre berline. Ojardias demanda à notre postillon s'il savait quels étaient
les gens renfermés dans cette voiture. Sur la réponse de celui-ci
que c'étaient des représentans du peuple : « Tant mieux, dit
» mon intrépide conducteur, ils apprendront à me connaître. »
Aussitôt, il s'empare d'un jonc plombé qu'il avait auprès de lui,
m'ordonne de me tenir à ma place, met pied à terre, court à
toutes jambes après la voiture, et la rejoint à mi-côte. Tomber à
coups de canne sur le postillon, le jeter à bas de son cheval, regagner notre berline et lui faire reprendre les devants, tout cela
ne fut pour Ojardias que l'affaire d'un moment. Nous arrivâmes
à la première poste avant que messieurs les représentans du peuple eussent eu le temps de se reconnaître. Ojardias demanda des
chevaux, mais on lui répondit qu'il n'y en avait point. Désespéré

de ce contre-temps, il alla trouver le maître de poste, dont il était connu, et lui raconta ce qui nous était arrivé. Cet homme, après lui avoir adressé en ma présence une réprimande amicale sur la légèreté de sa conduite, fit atteler sans plus de formalités, et nous nous remîmes en route.

Cet épisode de notre voyage me revint à l'esprit au moment où le commissaire du gouvernement me conduisait vers la fatale chambre à coucher, et ma frayeur fut au comble, lorsqu'après y être entré avec moi, il en ferma la porte au verrou. S'apercevant de mon trouble, il m'engagea à me rassurer, et me dit qu'il voulait seulement me faire quelques questions de peu d'importance. Je vis bien, à tout cet appareil, que j'allais avoir à subir un interrogatoire en forme ; mais, comme je ne savais pas encore précisément quel en pourrait être le sujet, je pris d'avance la résolution de me retrancher dans une complète ignorance, à chaque demande un peu embarrassante qui me serait faite. Je n'avais pas été sans remarquer, malgré mon extrême jeunesse, que mon père rendait secrètement des services à certaines personnes, et je jugeai que, dans la conjoncture présente, je devais prudemment me tenir sur mes gardes pour éviter de le compromettre par mes réponses.

Voici les principales questions que m'adressa le commissaire:

D. D'où venez-vous ?

R. Je viens de Paris.

D. Votre père existe-t-il encore ? R. Oui, Monsieur. D. Quelle est sa profession ? R. Il est greffier de la section de Bonne-Nouvelle.

D. Que fait à Paris l'individu qui vous a conduit ici ? R. Je n'en sais rien. D. Connaît-il votre père ? R. Sans doute, puisqu'il m'a emmené de la maison.

D. On dit que ce monsieur est parti pour Lyon ; savez-vous ce qu'il y est allé faire ? R. Je l'ignore.

D. Vous avez probablement des papiers sur vous ?

R. Oui, Monsieur.

Je lui présentai un petit portefeuille contenant un passe-port. Le commissaire le lut plusieurs fois d'un air un peu incrédule, et finit par me dire en souriant : « Il est parfaitement en règle, » ce passe-port. — Je le crois bien, Monsieur, lui répondis-je

» naïvement, c'est mon papa qui l'a fait (1). » Et, sans autre explication, il m'invita à redescendre avec lui. On concevra aisément que je ne me fis pas prier pour lui obéir.

Lorsque nous rentrâmes dans la salle à manger, ces messieurs s'entretinrent pendant quelque temps à voix basse. M. Barge, les voyant ainsi occupés, en profita pour s'esquiver furtivement et monter à sa chambre, où il prit à dessein une paire de pistolets à deux coups. Il ne tarda pas à revenir : « Hé bien, Mes» sieurs, dit-il aux commissaires, qu'avez-vous décidé ? » Celui qui m'avait questionné avec si peu de succès lui répondit « qu'il n'avait obtenu aucun éclaircissement de l'interrogatoire qu'il m'avait fait subir ; que *Je n'en sais rien* était à peu près la seule réponse dont j'avais daigné le gratifier ; qu'il était certain qu'on m'avait fait la leçon ; qu'en tout cas, j'avais joué mon rôle avec un aplomb imperturbable ; qu'à la vérité je lui avais remis un passe-port, mais que c'était une pièce évidemment fausse ; qu'en conséquence, ses collègues et lui ne pouvaient se dispenser de procéder à mon arrestation, et de me faire conduire à Clermont, chef-lieu du département. »

Si ces derniers mots me firent tressaillir de tous mes membres, je m'apperçus bientôt qu'ils avaient produit sur M. Barge une impression encore plus violente. Hors de lui-même, et incapable de maîtriser plus long-temps les mouvemens tumultueux de son âme : « Messieurs, s'écria-t-il, cet enfant ne m'est pas plus » connu qu'à vous ; mais il a été confié à ma garde par une per» sonne de ma connaissance, qui est en ce moment à Lyon ; c'est » un dépôt que je considère comme sacré, et dont je réponds » sur ma tête ; aussi, suis-je bien décidé à ne m'en dessaisir » qu'entre les mains de celui de qui je le tiens. »

Comme les commissaires insistaient, et paraissaient disposés à se prévaloir de leur autorité : « Messieurs, » ajouta-t-il avec force, en découvrant en même temps un des pistolets dont il s'était muni, « je vous déclare que si l'un de vous cherchait à ap» puyer par la violence une résolution contraire à celle que je » vous manifeste, je saurais l'en faire repentir, même au péril

(1) En sa qualité de greffier du comité civil, mon père était chargé de la délivrance des passe-ports et des certificats de résidence.

» de ma vie. Vous pouvez, si bon vous semble , dresser procès-
» verbal de vos intentions et des miennes. Au surplus , je suis
» connu dans ce pays, j'y possède des propriétés assez considé-
» rables : si vous vous croyez obligés par votre devoir à mettre
» cet enfant en état d'arrestation , ma garantie vaut bien, je
» pense, celle d'un geolier; je ne m'oppose point à ce que vous
» lui assigniez ma demeure pour prison; mais, je vous le répète,
» c'est le seul droit que je consente jamais à vous donner sur sa
» personne. » Se tournant ensuite vers l'officier de gendarmerie
dont j'ai parlé : « Monsieur Leroux, lui dit-il, quels que soient
» les ordres que vous receviez, souvenez-vous de la résolution
» que je viens de notifier à MM. les commissaires, et sachez bien
» qu'il n'est aucun pouvoir humain assez fort pour m'en faire
» départir. »

Cette déclaration véhémente, accompagnée de gestes significa-
tifs, pouvait avoir les suites les plus fâcheuses. J'étais placé
près de Mme Barge-Béal : sa pâleur décelait son trouble ; et moi,
je pleurais à chaudes larmes. M. Barge nous fit passer dans un
autre appartement. La discussion continua en mon absence, et
ne se termina qu'environ deux heures après.

Lorsque les commissaires furent partis, j'appris qu'ils avaient
dressé un procès-verbal, et qu'ils m'avaient constitué prisonnier
dans la demeure et sous la responsabilité de M. Barge. La noble
vivacité avec laquelle cet homme excellent s'était exprimé dans
mon intérêt, avait eu un résultat tout autre que celui qu'on pouvait raisonnablement en attendre. Soit confiance en sa bonne
foi, soit crainte qu'il ne se portât aux plus terribles extrêmités
plutôt que de me livrer entre leurs mains, les envoyés du gouvernement cédèrent à une détermination si énergique; et ainsi,
au lieu de gémir au fond d'une prison , je passai des jours en-
tourés de soins et d'égards, sous la protection et dans l'asile de
l'amitié.

CHAPITRE II.

Après le départ des commissaires, M. Barge me fit venir auprès de lui, et m'entretint le reste du jour et une partie de la
nuit. Il ne cessa de m'engager à lui ouvrir mon cœur, me disant
qu'avec lui je devais être dans une parfaite sécurité ; que son intention était de me rendre tous les services que ma position pouvait réclamer. Il ajouta « qu'il était dévoué de corps et d'âme à
la maison des Bourbons ; que si, comme il le présumait, j'appar-
tenais à cette royale famille, j'aurais, en moins de vingt-quatre
heures, mis le pied hors de la frontière de France ; qu'il m'ac-
compagnerait seul ; que connaissant très bien le pays et les
routes à suivre à travers le Forez, il parviendrait sans peine à
me mettre à l'abri de toutes les recherches qu'on pourrait diri-
ger contre moi, etc., etc. » Encore étourdi comme je l'étais des
assauts multipliés auxquels j'avais été en butte dans le cours de
cette journée, toutes ces protestations de dévoûment me fati-
guèrent à l'excès : je ne sais, en vérité, comment j'y répondis.
Il régnait une telle confusion dans mes idées, que je manquais
de la force et de la présence d'esprit nécessaires pour lutter avec
avantage contre les préoccupations d'un homme intimément
convaincu que je lui cachais ma naissance. Aussi, me sentis-je le
cœur soulagé d'un grand poids, lorsqu'il me fut enfin permis
d'aller prendre du repos.

M. Barge, voulant instruire Ojardias de ce qui s'était passé,
l'envoya secrètemeut chercher à Lyon. Celui-ci arriva quelques
jours après, et repartit presque aussitôt pour aller trouver le représentant Chazal, qui était alors en tournée dans le département
du Cantal.

De son côté, M. Barge chargea les amis qu'il avait à Paris,
d'y prendre des renseignemens sur ma personne. J'ignore quel
fut le résultat de ces informations ; mais je me souviens seulement qu'à la même époque il fit venir de cette capitale un tableau sur satin, représentant Louis XVI et sa famille. Ce tableau

qui, vu la difficulté de s'en procurer de semblables dans les conjonctures où l'on se trouvait, n'avait pas coûté moins de 1500 francs à M. Barge, est encore actuellement dans la chambre où je couchais à Thiers ; du moins, je l'y ai vu en 1824, lors du voyage que j'ai fait en Auvergne avec ma femme et ma fille.

L'absence d'Ojardias dura assez long-temps, il eut beaucoup de peine à parvenir auprès du représentant Chazal. A son retour, je fus mandé à la commune, où le procureur-syndic du district de Thiers, M. *de Barante* (1), me fit signer sur un registre, et me remit l'acte suivant (2) :

Liberté,
Egalité.

Justice,
Humanité.

Du Puy, le vingt-deux messidor an trois (3).

J. P. Chazal, représentant du peuple, délégué par la Convention nationale dans les départemens du *Puy-de-Dôme*, de la *Haute-Loire*, du *Cantal*, de l'*Aveyron* et de la *Lozère*, au procureur-syndic du district de Thiers.

J'ai entendu Ojardias ; il a justifié de sa conduite ; le fait qui lui était imputé est faux ; je vous autorise à lever les ordres qui retenaient l'enfant dans la maison de Barge-Béal, ainsi que ceux qu'on aurait pu donner contre la liberté d'Ojardias.

Salut et fraternité. *Signé* J. P. CHAZAL.

Certifié conforme :

Le procureur-syndic du district de Thiers.

Signé Brugière-Barante.

Enregistré à Paris, le vingt-neuf octobre 1823, fol. 48, R°; e. 9. Reçu deux francs 20 centimes. *Signé* Courapied.

(1) Père du diplomate, auteur de l'histoire des *ducs de Bourgogne.*

(2) J'ai fait enregistrer, en 1823, l'expédition *originale* de cet acte, et j'en ai fait faire une copie collationnée par MM. Guiffrey et Esnée, notaires à Paris. Cette copie est la seule que je conserve chez moi : certains motifs de prudence que je ferai connaître ci-après, m'ont engagé à en déposer l'original en lieu de sûreté.

(3) Cette date répond au 10 juillet 1795.

Sur ces entrefaites, je reçus une lettre de Paris; elle était de mon père. En l'ouvrant, je ne pus me défendre d'un mouvement de tristesse, d'un saisissement involontaire; il semblait que je pressentisse l'affreux malheur que cette lettre devait m'annoncer. Ma pauvre mère, déjà profondément affligée de m'avoir vu si brusquement arracher de ses bras, n'avait pu supporter le surcroît de chagrin que lui avait causé la nouvelle de mon arrestation : elle était morte presque subitement......... Le lecteur me permettra de ne pas entrer dans de plus longs détails sur ce funeste événement qui, malgré les trente-sept années écoulées depuis, pèse encore sur mon cœur de tout le poids d'une douleur récente.

Possesseur d'un acte de mise en liberté, je devais me croire désormais délivré de toute entrave, et libre d'aller et venir partout où bon me semblerait. A mon grand regret, il en fut autrement : je n'avais pas prévu une contrainte d'un nouveau genre, pour le moins aussi gênante que celle qui m'avait été imposée par les commissaires du gouvernement. La première fois que je voulus me promener dans les rues de Thiers, je me vis tout à coup assailli par une foule de curieux, qui me suivaient comme si j'eusse été l'éléphant du roi de Siam. *C'est le dauphi* (1)! criaient-ils; *venez voir le dauphi!* Je cherchai à les éviter en prenant une rue détournée : peine inutile; une affluence non moins empressée se porta sur mon passage au débouché de cette rue, ensorte que je fus forcé de regagner au plus vite la demeure de M. Barge. A partir de ce jour, je ne sortis plus seul dans la ville; et, malgré cette sage précaution, il s'écoula encore plus d'une semaine avant que la présence de la personne qui m'accompagnait imposât assez au bon peuple de Thiers pour me préserver des témoignages importuns de sa curiosité.

C'étaient là mes tribulations de bas étage; mais ce n'étaient pas les seules que j'eusse à supporter : il était dit que je devais passer par tous les inconvéniens de la grandeur. M. Barge me conduisait-il chez quelque personne de sa société, mon entrée au salon suspendait soudain toutes les conversations, et produisait une sorte de malaise général : bientôt commençaient les chucho-

(1) Corruption du mot *dauphin*, usitée chez les Auvergnats.

temens, les *a-parte* confidentiels ; enfin, après avoir été bien attentivement regardé, considéré, examiné de la tête aux pieds, je devenais l'objet des cajoleries minaudières des femmes, et des prévenances de leurs maris. Je me souviens de telle grande dame qui finit par déclarer positivement que je chercherais en vain à dissimuler ma haute origine ; qu'elle reconnaissait parfaitement en moi les traits, la tournure, les manières aimables du jeune prince que, peu d'années auparavant, elle avait vu sur les genoux de la reine : puis, brodant sur ce thême favori, elle l'embellit d'une infinité de détails probablement aussi exacts que l'application qu'elle en faisait à ma personne. Cette petite cour bourgeoise n'était pas plus de mon goût que celle qui me suivait dans les rues. Voulant donc tirer un autre profit de ma liberté, dont le seul résultat avait été jusqu'à ce moment de me créer de la gêne et de l'ennui, je me déterminai, avec le consentement de M. Barge, à m'éloigner pour quelque temps de la ville, et à aller habiter *les Bureaux.*

Là, du moins, je pus sans contrainte me livrer à tous les amusemens de la campagne : la chasse, la pêche, le jardinage se partagèrent l'emploi de mon temps. Le premier de ces plaisirs devint bientôt chez moi une véritable passion, et dès lors on dut songer à me donner un mentor pour me garantir des dangers auxquels mon inexpérience pouvait m'exposer chaque jour. Près du domaine de M. Barge se trouvait une propriété nommée *Auzore,* et habitée par de grands chasseurs ; c'étaient quatre frères, MM. *Dugué, Lestrat, Desore* et *Sarey,* qui tous les quatre avaient servi en qualité de gardes-du-corps de Louis XVI. M. Barge les pria de permettre que je les accompagnasse dans leurs excursions, et ils se firent un plaisir d'accéder à sa demande. Je me serais dispensé de rapporter cette circonstance, fort peu importante en elle-même, si elle ne m'avait offert l'occasion de citer les noms de quatre hommes de bien, qui, s'ils existent encore, peuvent attester la vérité de tout ce que j'ai raconté jusqu'ici. Je me plais à mentionner aussi, parmi les nombreuses personnes de l'amitié desquelles j'ai conservé un souvenir reconnaissant, le frère de M. Barge-Béal, M. *Barge-Desvernières* (1), qui possédait sur les

(1) M. Barge-Desvernières avait servi autrefois dans la gendarmerie de la reine.

bords de l'Allier une fort belle propriété appelée *Joursa*, où j'allais souvent passer plusieurs jours, et madame *de Paladu*, dont la terre de son nom était située près des *Ronsières*, à trois ou quatre lieues de la ville.

Lors de la prise de Mantoue par les armées françaises, en janvier 1797, il passa par Thiers beaucoup de prisonniers autrichiens, dont une partie s'y arrêta et y fit un long séjour. Alors recommencèrent pour moi les fatigantes obsessions qui, plusieurs mois auparavant, m'avaient forcé d'établir ma résidence à la campagne. Je ne sais qui commit la fâcheuse indiscrétion de provoquer le zèle de ces prisonniers en ma faveur, mais il n'en est pas moins certain qu'ils conçurent pour moi une vénération à toute épreuve, et surtout beaucoup trop démonstrative. Du plus loin qu'ils m'appercevaient, ils venaient à moi, me baisaient les mains, et m'accablaient des protestations de leur respectueux dévoûment. On voulut en vain me délivrer de leurs importunités, en allant porter plainte à leur commandant; c'étaient des légitimistes dans toute l'acception du mot, et ils n'auraient consenti pour rien au monde à me le laisser ignorer.

La veille de leur départ, le commandant autrichien, qui se nommait *Sucry*, vint lui-même me faire ses adieux : il me dit qu'il retournait à Vienne, et qu'il ne manquerait pas d'y parler de moi. Je le remerciai de son intention bienveillante à mon égard ; seulement, pour lui épargner la peine de la mettre à exécution, je m'efforçai de lui démontrer que je n'avais rien de commun avec le jeune prince auquel il croyait adresser ces témoignages d'intérêt. Mais il semblait qu'une sorte de fascination agît simultanément sur les yeux et sur l'esprit de tous ceux qui m'approchaient, et cette fois encore, mes paroles furent jetées au vent.

Dans l'espace de temps que nous venons de parcourir, divers inconnus se présentèrent successivement chez M. Barge-Béal dans le but de prendre des informations sur moi. Je dois dire à ce sujet que, tout en payant un juste tribut de reconnaissance à M. Barge pour les soins affectueux qu'il ne cessa de me prodiguer pendant toute la durée de mon séjour auprès de lui, je n'ai jamais pu me rendre parfaitement compte des motifs qui le déterminèrent à me faire jouer aussi long-temps un rôle si peu en harmonie avec mon caractère de franchise et d'indépendance. Ma mise en liberté, la lettre que j'avais reçue de mon père, les renseignemens que M. Barge avait fait prendre à Paris, les confidences mêmes d'Ojardias devaient avoir éclairci tous les doutes qu'il avait pu concevoir sur ma véritable origine. D'où vient donc qu'il ne se soit pas empressé de désabuser la ville de Thiers, et, par ce moyen, de m'épargner la nécessité de m'en éloigner pour me soustraire aux fastidieux hommages que m'attirait la méprise dont j'étais l'objet? Je présume que ce fut Ojardias lui-même qui l'engagea à prolonger le plus long-temps possible l'erreur de ses concitoyens, afin de ménager par là une diversion qui, en appelant l'attention publique de ce côté, facilitât au prince de Condé les moyens de mettre le véritable dauphin à l'abri de toute recherche.

Je ne puis résister au désir de rapporter, en terminant ce chapitre, une circonstance qui fit sur moi la plus vive impression.

Un soir que nous étions à la ville, nous vîmes entrer à l'improviste un homme d'une haute stature et d'un aspect imposant. Malgré la gravité de sa démarche, ses traits exprimaient une violente agitation. Il eut avec M. Barge un entretien auquel je n'assistai point; mais je sus ensuite que ce personnage mystérieux se nommait *Guillemot*, et était un prêtre qui fuyait la persécution dirigée encore à cette époque contre les membres du clergé. Ayant été reconnu, il courait le plus grand risque d'être arrêté. On lui donna asile pendant plusieurs jours, et on le fit coucher auprès de moi dans une chambre à deux lits, que j'occupais chaque fois que je venais à Thiers. Lorsqu'on crut le moment favorable à son évasion, M. Barge fils fut chargé de lui servir de guide : il le fit passer par le chemin connu dans le pays sous le nom de *la Pierre qui danse*, et ne le quitta qu'après l'avoir conduit en lieu de sûreté. Je me souviendrai toujours que, cette nuit-là même, peu d'instans avant son départ, ce digne ecclésiastique vint se placer auprès du lit où j'étais couché : minuit allait sonner; je ne dormais pas encore. Il ouvrit son bréviaire, y lut quelques oraisons; puis, étendant ses mains sur moi, il me bénit, et je l'entendis adresser au ciel une fervente prière dans laquelle il appela les grâces du Très-Haut sur le fils infortuné du roi martyr. Son air inspiré, l'accent solennel de sa voix m'émut jusqu'aux larmes. Il partit, après m'avoir embrassé, et je ne l'ai jamais revu depuis.

CHAPITRE III.

Il y avait déjà deux ans que je vivais éloigné de la maison paternelle, lorsqu'à la fin M. Barge comprit, en homme sensé, qu'il commençait à être temps de songer à mon avenir. Le titre de prince qu'il m'avait conféré ne suffisait pas pour me faire exister honorablement sans le secours d'un état ; et, selon toute apparence, ce n'était pas en greffant les poiriers, en courant le cerf et en maniant la bêche, que devait se faire mon apprentissage.

M. Barge fils qui, pendant mon séjour à Thiers, s'y était marié à une demoiselle *Lachenal*, avait une papeterie considérable dont il expédiait tout le produit à Paris. Il faisait beaucoup d'affaires avec un marchand papetier de cette capitale, nommé *Juste*, et demeurant alors rue *Gît-le-Cœur*. Vers le temps dont je parle, ce marchand vint à Thiers, et quand arriva le moment de son départ, il fut décidé que M. Barge fils le ramènerait à Paris dans sa voiture ; qu'on voyagerait à petites journées, et qu'on profiterait de cette occasion pour me remettre entre les mains de mon *véritable* père.

Malgré le vif désir que j'éprouvais de revoir le lieu et l'auteur de ma naissance, je ne pus me séparer sans regrets de l'excellente famille qui m'avait protégé contre ma mauvaise destinée, et m'avait constamment traité comme un enfant chéri. Je ne crois pas me tromper, au reste, en ajoutant que ces regrets me furent bien rendus.

Je ne vis pas Ojardias avant de partir ; il était continuellement en tournée, et depuis six ou huit mois on n'avait point eu de ses nouvelles. Je pris congé de toutes les personnes qui m'avaient témoigné de l'intérêt, et au bout de quelques jours je reçus enfin les embrassemens de mon père.

Je le trouvai dans une position fort différente de celle dans laquelle je l'avais laissé en quittant Paris.

La fin déplorable de ma mère n'était pas le seul malheur qui fût venu l'accabler : il s'était vu bientôt après destitué de son emploi. La protection que lui avait autrefois accordée *Madame*, comtesse d'Artois, et plus encore la couleur politique de mon aventureux voyage, avaient paru au gouvernement des motifs assez graves pour autoriser cette rigueur à son égard.

Comme je n'ai point le dessein de présenter dans cette brochure l'histoire complète de ma vie, mais seulement d'y faire entrer ceux de ses épisodes qui se rattachent plus ou moins immédiatement à l'existence du duc de Normandie, je passerai sous silence tout ce qui m'est arrivé depuis mon retour à Paris jusqu'en 1823. Je me bornerai à dire que, dans cet intervalle, les affaires de mon commerce me ramenèrent une fois à Thiers, où je fis des achats assez importans. Mon premier soin, en mettant le pied dans cette ville, fut de courir à la demeure que j'avais habitée dans mes jeunes années. Hélas! je n'y trouvai plus celui dont les soins généreux l'avaient embellie pour moi : M. Barge-Béal était descendu dans la tombe. Sa veuve me reçut avec l'expression de la plus franche amitié : elle m'apprit qu'Ojardias, dont je n'avais plus entendu parler depuis que j'avais quitté le pays, était mort d'une manière bien malheureuse ; il avait été tué d'un coup de fusil près d'un étang. Je revis aussi plusieurs autres amis de mon enfance : tous se ressouvinrent parfaitement de moi, et un dauphin de France devenu papetier, leur parut chose fort peu commune, et en même-temps fort divertissante. Mais je me hâte d'arriver à l'année 1823.

A cette époque, j'avais abandonné mon premier genre de commerce, pour en embrasser un autre qui m'offrait de plus grands avantages. Il est indispensable que j'entre ici dans quelques détails, afin de jeter plus de clarté sur le reste de cette narration.

J'avais établi rue Chapon une fabrique, dans laquelle j'occupais plus de cent ouvriers à confectionner une infinité d'objets de cartonnage fin, tels que nécessaires de dames, boîtes élégantes et de fantaisie, jolis étuis à cigares, portefeuilles, etc., etc. La prospérité de mon établissement s'était encore accrue de plusieurs inventions heureuses, pour lesquelles le gouvernement m'avait accordé des brevets. De ce nombre était celle d'une mathine au moyen de laquelle je pratiquais, sur des bandes de plaqué d'or et d'argent, des dessins en relief, aussi variés, aussi délicats et aussi finis que s'ils fussent sortis de la main de l'orfèvre le plus habile. J'employais ensuite ces bandes à recouvrir mes cartonnages, qui, sous mille formes diverses, se répandaient, avec une vogue sans cesse croissante, dans la capitale, dans les départemens et même à l'étranger.

L'exposition des produits de l'industrie française allait s'ouvrir. Mon amour-propre de fabricant me fit penser que le moment était venu pour moi de recevoir la récompense nationale à laquelle a droit tout industriel qui a travaillé sans relâche à étendre, par des inventions et des perfectionnemens utiles, les ressources commerciales de son pays. Je résolus donc d'exposer les échantillons des différens produits de ma fabrique. A cet effet, j'obtins de M. *Héricart-de-Thury*, sur la recommandation de madame de *Chateaubriant*, une place très avantageusement située dans la plus belle galerie du Louvre, et j'y fis porter mes marchandises.

Tous les curieux qui les examinèrent, tous les exposans eux-mêmes m'en firent unanimement des éloges : aucun d'eux ne doutait que je ne dusse obtenir la médaille d'or; et cela leur paraissait d'autant plus vraisemblable que, dans ma partie, je n'avais aucun concurrent. Le *comte d'Artois* honora mes ouvrages en plaqué d'une attention toute particulière; il en choisit quelques-uns, et adressa les encouragemens les plus flatteurs à mon fils, qui se trouvait par hasard à ma place le jour où S. A. R. visita l'exposition. Avec de telles espérances de succès, je laisse à juger de mon désappointement, lorsqu'on vint m'informer que le rapport du jury me décernait, au lieu de la médaille, une simple mention honorable. Il serait inutile de spécifier ici les causes auxquelles j'attribuai cette décision; il me suffit de dire, et de pouvoir prouver au besoin, qu'elle fut généralement regardée comme une injustice révoltante.

Désespéré de me voir si mal payé de mes travaux, je pris le parti de faire parvenir directement mes plaintes au pied du trône, et d'implorer en ma faveur la justice du souverain. Pour donner plus d'intérêt à ma requête, je jugeai convenable d'y joindre une relation succincte de mon voyage à Thiers, et une copie en

bonne forme de mon acte de mise en liberté. Dans l'ignorance
où j'étais des sentimens haineux de Louis XVIII envers le duc
de Normandie, je me crus sûr d'obtenir la bienveillance de ce
monarque en lui faisant savoir que, pendant la révolution, j'a-
vais été, par suite d'une fatale erreur, arrêté et détenu comme
fils de Louis XVI. En conséquence, je me revêtis de mon uni-
forme de sergent de la garde nationale, je m'acheminai vers le
château des Tuileries, et au moment où *le comte d'Artois* reve-
nait de la chasse, je lui remis en mains propres mon placet et
une expédition notariée de l'acte destiné à le faire valoir (1).

Je fus fort surpris de voir arriver à ma fabrique, dès le lendemain matin, les dames de la halle, m'apportant un bouquet
d'honneur et me félicitant de ce que j'avais obtenu la médaille
d'or. Dans la même journée, deux messieurs fort bien mis se
présentèrent chez moi : « Vous avez, me dirent-ils, adressé hier
» une demande au roi : la médaille d'or vous est accordée. Nous
» sortons à l'instant du ministère de l'intérieur, où nous avons
» appris cette nouvelle, et nous nous sommes empressés de venir
» vous en faire part, persuadés qu'elle ne peut manquer de vous
» être agréable; » et ils se retirèrent, m'ayant à peine laissé le
temps de les remercier de leur zèle officieux.

Ce jour-là et les deux suivans, mon magasin ne désemplit pas :
la Chaussée d'Antin et le noble faubourg semblaient s'être donné
rendez-vous à mon enseigne. A chaque instant, de brillans équi-
pages s'arrêtaient devant ma porte; et, chose assez remarqua-
ble, les personnes qui en descendaient demandaient toutes à me
voir, sous différens prétextes. Les unes étaient persuadées qu'elles
s'entendraient mieux avec moi sur le prix des articles qu'elles
marchandaient; les autres avaient une commande à me faire, et
ne pouvaient bien expliquer qu'à moi seul ce qui formait l'objet

(1) On trouve dans *la Quotidienne* du 6 novembre 1823, page 2, un
article commençant ainsi : « S. A. R. *Monsieur* a bien voulu accueillir
» une réclamation qui lui a été faite par le sieur Morin de Guérivière,
» inventeur d'un nouveau mode d'ornemens, dont la fabrique est rue
» Chapon, n. 2. Le sieur Morin a eu l'honneur de mettre sous les yeux de
» S. A. R. une pièce qui atteste qu'à l'époque où courut le bruit de l'enlè-
» vement de Louis XVII du Temple, il fut arrêté *comme soupçonné d'être*
» *l'auguste enfant*, etc. etc. »

de leurs désirs. Je paraissais, et ma présence levait aussitôt toutes les difficultés, décidait tous les goûts, déterminait tous les choix. L'argent semblait me pleuvoir d'en haut, et je ne savais à la munificence de quel bon génie j'étais redevable d'un débit si prodigieux.

J'eus, dès le troisième jour, le mot de cette énigme. Sur les huit heures du matin, un homme d'un certain âge, vêtu d'une redingote à brandebourgs, entra chez moi, et me pria fort poliment de vouloir bien lui accorder la faveur d'un entretien particulier. Je le conduisis dans ma salle à manger, qui était située au bout de mon atelier. Nous échangeâmes d'abord quelques paroles insignifiantes, et, après s'être assuré que personne ne pouvait nous entendre, il entra ainsi en matière : « Le sujet qui » m'amène est la pétition que vous avez fait remettre au roi ces » jours derniers. » — « Hé bien ! lui dis-je sans le laisser aller » plus loin, qu'y a-t-il donc là d'extraordinaire ? Me croyant » fondé à me plaindre d'une injustice commise à mon préjudice, » j'ai pris le roi pour juge de ma réclamation. A la vérité, afin » de mieux fixer l'attention de Sa Majesté, j'ai joint à ma plainte » quelques détails sur l'arrestation que j'ai subie autrefois à » Thiers, où j'ai été pris pour le dauphin soi-disant mort au » Temple : mais, au surplus, avant de rien faire, j'ai commu- » niqué mon projet à M. *Hinault*, chef de la police centrale... »

A ce mot, l'inconnu m'interrompit : « C'est là, me dit-il, le » meilleur de votre affaire : il est heureux pour vous que vous » connaissiez ce monsieur. » Je l'invitai à s'expliquer, et il continua en ces termes : « Depuis deux jours, je fais prendre des » renseignemens sur vous ; je sais maintenant que vous êtes un » honnête homme, et c'est ce qui m'a déterminé à venir vous » trouver. Mais je ne puis vous rien dire de plus avant que vous » m'ayiez engagé votre parole d'honneur de ne jamais parler à » M. Hinault des choses que je veux vous confier. » Quand je lui eus donné ma parole, il tira de sa poche un rouleau de papiers, et me fit voir qu'il était chef de la contre-police du château. « Vous concevez d'après cela, reprit-il, la raison pour » laquelle je tiens à ne pas être connu de M. Hinault. »

« Je viens au fait. On vous a vu, il y a deux jours, vous pro- » mener plusieurs heures de suite dans la cour du Carrousel, » en y attendant le comte d'Artois ; vous lui avez remis un paquet

» au moment où il descendait de voiture. Sans vous en douter,
» vous avez jeté l'épouvante dans tout le château : je ne sais com-
» ment le bruit s'y est répandu que Louis XVII s'était présenté
» aux Tuileries (1). J'ai été sur-le-champ chargé de mettre des
» espions en campagne. Il a dû vous venir, le lendemain matin,
» des femmes de la halle ; le même jour, vous avez dû recevoir
» la visite de deux personnes, dont l'une était M. le marquis *de*
» *Rivière*. Quand j'ai eu pris par moi-même et par mes agens les
» informations dont j'avais besoin pour savoir au juste qui vous
» étiez, j'ai fait mon rapport ainsi que je le devais ; mais, quoi-
» que ce rapport soit exact, circonstancié, et conçu de la ma-
» nière la plus propre à tranquilliser les esprits, je n'ose encore
» me flatter d'être parvenu à éclaircir tous les doutes, à dissi-
» per toutes les inquiétudes que votre démarche a fait naître.
» Cependant, vous pouvez être sans aucune crainte ; il ne vous
» arrivera rien, et je ne vous cache pas que vous le devez en par-
» tie à la connaissance de M. Hinault. »

Enhardi par la confiance que cet homme venait de me témoi-
gner, je lui fis la question suivante : « Ce que vous venez de
» m'apprendre, Monsieur, me confirme de plus en plus dans
» l'opinion où je suis que le dauphin n'a point cessé d'exister :
» mais, dites-moi, quelle conduite auriez vous tenue, si vous
» eussiez découvert en moi le fils même de Louis XVI ? »

Il me répondit : « La place qui m'a été dévolue n'est pas celle
» que je devrais remplir, en raison de tout ce que j'ai fait pour
» les Bourbons ; mais celui qui nous gouverne ne récompense pas
» autrement les anciens serviteurs du roi son frère. Aussi, je
» vous l'avouerai, si vous eussiez été Louis XVII, comme je l'ai
» cru un moment, mon intention était de venir me jeter à vos
» pieds, de vous avertir du danger que vous couriez, et de vous
» soustraire au ressentiment implacable de votre puissant enne-

(1) Il était assez naturel que la crainte de la présence de Louis XVII à
Paris mît le château en émoi, puisque le maître du lieu avait provoqué son
arrestation en 1818, et les mesures les plus efficaces pour éterniser sa dé-
tention. Ayant eu connaissance de la note que cet infortuné prince avait
fait parvenir au congrès de Véronne, par l'entremise de l'empereur de
Russie, Louis XVIII pouvait donc croire que le duc de Normandie s'était
échappé des prisons de Milan, ou qu'il avait été relâché.

» mi. Croyez bien que le sujet le plus dévoué de Louis XVI
» n'aurait pas livré le fils de son roi au poignard d'un assassin! »

Ainsi se termina notre conversation : je l'ai rapportée en entier et sans y changer un mot. Depuis ce jour, j'ai revu plusieurs fois ce chef de la police, homme fort estimable et digne de tout autre emploi : il y a huit ou neuf moi seulement que je l'ai entièrement perdu de vue (1).

Quelque temps avant que j'exécutasse mon projet de présenter une supplique au roi, je fus adressé à un personnage que ses rapports avec la cour mettaient à même de me tracer la marche que je devais suivre dans cette circonstance.

Ce fut lui qui me conseilla de garder par devers moi l'original de mon acte de mise en liberté, et de n'en donner qu'une copie collationnée par deux notaires. Nous eûmes ensemble un entretien long et animé au sujet de l'existence de Louis XVII : il prétendit d'abord que c'était une chimère, qu'on ne pouvait imaginer rien de plus invraisemblable; mais, quand je lui eus raconté les particularités les plus remarquables de mon séjour à Thiers, et déduit les autres raison que j'avais de professer un sentiment contraire au sien, alors, forcé en quelque sorte dans ses derniers retranchemens, il s'écria, hors de lui-même : « Hé bien! oui, Louis XVII
» existe, je le sais; mais les plus chers intérêts de la France s'opposent à ce qu'il remonte présentement sur le trône de ses ancê-
» tres; il en résulterait un bouleversement général, car ce
» prince ne consentirait jamais à ratifier les traités conclus avec
» les puissances étrangères. Puisque vous paraissez si bien instruit; s'il se trame quelque complot en sa faveur, vous ne
» pouvez manquer d'en être informé, et dans ce cas, votre de-
» voir est d'en faire sans délai votre déclaration au garde-des-
» sceaux. » Je fus un peu déconcerté par cette brusque sortie, et, quoique je n'eusse aucune conspiration à dénoncer au garde-

---

(1) Au moment de l'impression de ces souvenirs, je viens de rencontrer par hasard la fille de M. *Desmarres* (dont j'avais cru devoir taire le nom dans la crainte de le compromettre) : j'ai appris d'elle que son père est mort depuis plus de six mois ; elle m'a remis des papiers laissés par lui, et que je produirai en temps et lieu. M. Desmarres, quoique chef de la contre-police du château, tenait en 1823, dans la cour du Palais-Royal, un magasin de tableaux qu'il transporta plus tard dans le passage Véro-Dodat, n. 2.

des-sceaux, je crus néanmoins prudent de couper court à cette
conversation. Il ajouta en me reconduisant : « Conservez pré-
» cieusement la pièce que vous venez de me montrer, un jour
» viendra peut-être où elle vous sera plus utile que vous ne le
» pensez. » Là-dessus nous nous séparâmes, et j'appris le lendemain qu'au sortir de notre entrevue il s'était rendu auprès de la
duchesse d'Angoulême, chez laquelle il allait fort souvent. Ce
personnage occupe encore actuellement un poste assez élevé, et,
en cette considération, je m'abstiendrai de le nommer. Si ces li-
gnes lui tombent sous les yeux, il s'y reconnaîtra sans peine en
y trouvant ses propres paroles. Mon aventure des Tuileries me
procura la connaissance de plusieurs gens de distinction ; je ci-
terai, entre autres, M. *de Tourzelles*, qui me félicita d'avoir été
arrêté pour le fils de Louis XVI. « Je tiens, me dit-il, de source
» certaine, que ce prince est vivant et que sa santé ne se ressent
» aucunement des souffrances affreuses qu'il a endurées au Tem-
» ple. Ma conviction est telle à cet égard, que je n'ai pas craint
» de la manifester ouvertement au roi lui-même, et de lui dire
» que sa couronne ne lui appartenait pas. Au reste, soyez-en
» bien sûr, après la mort de Louis XVIII, le duc de Normandie
» régnera sur la France. » Si la prédiction de M. de Tourzelles
s'était accomplie, nous n'aurions pas eu à supporter les déplo-
rables conséquences de l'ineptie de Charles X.....

En 1824, après avoir vendu mon établissement, je voulus revoir une dernière fois le pays vers lequel se reportaient sans cesse
mes souvenirs (1). Je trouvai de grands changemens dans la famille Barge-Béal : madame Barge avait suivi son mari au tom-
beau : leur fils avait eu le même destin : je reçus de sa veuve,
qui existe encore, l'accueil le plus affectueux. Elle fit voir à ma
femme et à ma fille une infinité de choses qu'on avait conservées
depuis mon enfance ; elle leur montra notamment, dans le jar-
din, de beaux arbres fruitiers que j'avais greffés, et qui portent
encore aujourd'hui le nom d'*arbres du dauphi*. Nous fîmes aussi
une visite au maire, M. *Marie*, gendre de M. Barge, et veuf depuis quelques années. Il me reconnut très-bien, et se rappela

(1) J'ai déjà eu occasion de dire un mot de ce voyage, en parlant du
portrait de Louis XVI, que M. Barge avait fait venir de Paris.

que, lors de mon premier séjour à Thiers, j'avais souvent chassé dans sa propriété, située près de *la Dore.*

Ici se termine mon récit. Je pourrais y joindre quelques détails, plus intéressans peut-être, sur ce qui m'est arrivé dans la suite ; mais je m'arrête à l'année 1824, et ce n'est pas sans motif. A cette époque, je n'avais pas encore eu l'honneur de voir le duc de Normandie ; jusques-là donc, et jusques-là seulement, j'ai été dans les conditions nécessaires pour écrire l'histoire, parce que jusques-là on a pu justement me considérer comme un homme dégagé de toute prévention, et libre de toute affection particulière. Si je faisais un pas de plus, je serais infailliblement soupçonné de cesser aussitôt d'être moi-même ; je perdrais ma cause en perdant mon caractère d'indépendance, et je ne ressemblerais pas mal à celui qui, non content d'avoir trouvé, en creusant, une source assez abondante pour fournir à ses besoins, finirait par s'y noyer à force de vouloir creuser plus avant. J'ai exposé les principaux élémens qui avaient formé ma conviction long-temps avant que je connusse le prince dont l'existence en était l'objet ; qu'on réfléchisse, qu'on entre dans ma vie, et l'on sera convaincu comme moi.

CONCLUSION.

J'aime assez les proverbes (à part le ridicule qui s'y attache),
parce qu'en général ils renferment beaucoup de sens en peu de
mots. J'en connais un, passablement ancien, qui dit : *Il n'est
pire sourd que celui qui ne veut pas entendre.* Sauf le bon plaisir de certaines notabilités de l'époque, je croirai pouvoir faire
l'application de cet adage populaire à ceux de mes concitoyens
qui, après avoir lu et médité ces *Souvenirs,* pousseront le scep-
ticisme jusqu'à ranger encore au nombre des idées chimériques
celle de l'existence de Louis XVII. Je comprendrais beaucoup
mieux qu'ils doutassent de la sincérité de ma narration elle-même :
il se publie tous les jours tant d'impostures officielles, bien que
nous vivions sous le régime d'une charte vérité, qu'il n'y aurait
rien d'étonnant à ce qu'un paisible rentier du Marais, édifié par
l'exemple du *Moniteur* et de maint autre journal du ministère,
se sentît aussi, lui, la velléité de jeter une innocente amorce à la
crédulité publique, uniquement pour se mettre à la hauteur du
siècle. Mais alors, je voudrais qu'il se gardât bien de coucher
aucun nom propre sur son papier, à moins qu'il ne consentît à
voir renverser, dès le lendemain de la publication de sa brochure, toutes ses petites combinaisons machiavéliques, et à es-
suyer les réclamations foudroyantes, non-seulement de la personne imprudemment mise en scène, mais encore des parens,
alliés, descendans, amis et voisins d'icelle, j'ai presque dit les
réclamations de ceux mêmes qui ne l'ont jamais connue. Il faut
l'avouer, il y aurait plus que de la maladresse à jouer ainsi
d'un seul coup de dé sa réputation d'auteur consciencieux. Et
cependant, à quelle série de récriminations ne me serais-je pas
exposé sciemment, moi qui ai invoqué tant de noms, cité tant
de localités, si je n'avais déployé ce luxe de substantifs que pour
en parer des faits apocryphes ou supposés ! Quel orage de dia-
tribes n'aurais-je pas attiré sur la tête du duc de Normandie et

sur la mienne! Heureusement pour nous deux, j'ai réfléchi avant d'agir, et comme je suis de ces gens qui n'aiment ni à faire des affronts ni à en recevoir, j'ai eu grand soin de me précautionner contre l'inconvénient des désaveux. En conséquence, je le déclare ici, *je n'ai rien avancé que je ne sois disposé à affirmer par serment devant Dieu et devant les hommes.* Que m'importe, après cela, qu'on m'accuse de mensonge! (Il est si facile d'accuser, par le temps qui court!) Ce qui m'importe, c'est que nul ne puisse m'en convaincre.

Mais il se trouvera des hommes qui ajouteront foi à mon récit, sans pour cela se croire obligé d'en tirer les mêmes conséquences que moi. L'autre jour, par exemple, un de mes amis, homme d'âge et d'expérience, à qui j'avais confié mon manuscrit pour qu'il y fît ses observations, me dit, après l'avoir lu, qu'il était loin de révoquer en doute ma bonne foi et la vérité de ma relation; mais qu'il ne pouvait, avec la meilleure volonté du monde, me croire le don d'opérer, à l'aide de ce seul talisman, le miracle de la résurrection de Louis XVII. « Permettez-» moi, ajouta M.***, de vous développer entièrement ma pen-» sée, et vous me répondrez ensuite comme vous l'entendrez. »

« Au jugement de tout homme qui raisonne, ce n'est pas assez d'asseoir une opinion sur des faits, même incontestables; il faut encore que ces faits aient un rapport direct à la question, et qu'ils soient concluans. Ce principe vrai une fois admis, voyons en résumé ce qu'on peut déduire de votre histoire. Si vous vouliez prouver que vous n'êtes pas le duc de Normandie, votre mise en liberté, ainsi que tout le reste de vos aventures, l'établirait de la manière la plus satisfaisante; il est même très présumable que, pour vous croire, on n'aurait pas besoin de tant d'éclaircissemens. Mais vous prétendez faire résulter de votre arrestation la preuve que le fils de Louis XVI a été enlevé de la prison du Temple! Il me semble, à moi, qu'on serait fort habile si l'on y voyait autre chose sinon que vous avez été arrêté à Thiers comme un imposteur (passez-moi cette expression); car, ne vous en déplaise, il est impossible de qualifier différemment le rôle que vous ont fait jouer MM. Ojardias et Barge-Béal. Vous êtes donc absolument sur la même ligne que le sabotier Mathurin Bruneau, le tailleur Hervagault et consorts, à cela près que ceux-ci ont agi de leur plein gré, tandis que vous l'avez fait à votre corps défendant : ils travaillaient pour leur propre compte, d'autres travaillaient pour vous; mais le but était le même. Or, je vous le demande, est-il jamais venu à quelqu'un l'idée de puiser dans le fait de l'arrestation de ces individus un argument en faveur de l'enlèvement du dauphin? Qu'ont produit, dites-le moi, les fourberies des Lambert Simnel, des Perkins Warbec, des faux Démétrius? Ont-elles fait revivre les princes dont ils ont usurpé les noms! Croyez-moi, renoncez au dessein de propager une erreur qui ne peut, après tout, faire impression que sur un petit nombre d'esprits faibles ou prévenus; et, puisque vous aimez les proverbes, souvenez-vous de celui-ci : *Qui veut trop prouver ne prouve rien.* »

Et mon ami, content de lui-même, s'imaginait que sa logique m'avait réduit au silence; il me regardait déjà de l'air radieux d'un avocat novice qui croit avoir gagné sa cause : à vrai dire, je l'avais écouté jusqu'à la fin sans manifester la plus légère impatience, et, s'il faut l'avouer, avec cette satisfaction intérieure qu'éprouve une partie adverse, en s'entendant faire une objection qu'elle était certaine d'avance de réfuter victorieusement. Je ne lui fis pas attendre ma réplique.

« J'adopte sans restriction, lui dis-je, le principe sur lequel vous avez basé votre raisonnement. Comme vous, je pense qu'une opinion ne peut avoir de force qu'autant qu'elle repose sur des moyens concluans; mais, d'un autre côté, vous conviendrez avec moi que, lorsque les faits allégués remplissent cette condition de manière à satisfaire toutes les exigences, il est contraire aux règles du bon sens le plus ordinaire, de tirer de ces faits une conséquence autre que celle qui en découle naturellement. De ce que j'ai été mis en état d'arrestation dans la ville de Thiers, vous ne balancez pas à conclure que je l'ai été *comme imposteur,* et vous prenez de là occasion de m'assimiler à Mathurin Bruneau et gens de son espèce, auxquels je m'estime fort heureux de ne pas ressembler. Je ne discuterai point avec vous la conduite d'Ojardias non plus que celle de M. Barge; j'ai dit ailleurs ce que j'en pensais, et, quant à présent, ce point est tout-à-fait étranger à la question qui nous occupe. L'essentiel est que, si vous aviez apporté la moindre attention à la lecture de ces souvenirs, vous y auriez vu que j'ai été arrêté, non pas sous la prévention d'être un faux dauphin, mais bien *comme soup-çonné d'être le dauphin lui-même,* ce qui est fort différent. Vous en avez eu sous les yeux mille preuves pour une. Est-il donc nécessaire que je vous rappelle l'incrédulité du commissaire qui m'interrogea, lorsque je lui exhibai un passe-port constatant mes véritables noms et qualités; le compte qu'il en rendit à M. Barge; les instances de celui-ci pour tirer de moi l'aveu que j'étais un *Bourbon;* son désir de me conduire hors de France; etc.? Si j'avais été sous le poids d'une accusation d'imposture, on n'aurait pas manqué de me faire mon procès, comme on l'a fait à ceux qui se sont rendus coupables du même crime; toutes les appa-rences me condamnaient, et une simple démarche d'Ojardias auprès du représentant Chazal n'aurait pas suffi pour arrêter l'action de la justice. Comment concevoir, en effet, qu'un homme inconnu, sans consistance, un ancien émigré, le premier com-promis dans cette affaire, eût exercé sur un magistrat de la répu-blique assez de crédit et d'influence pour le déterminer à mettre au néant une procédure commencée, et à compter pour rien un procès-verbal dressé par des officiers publics, par des commis-saires du gouvernement, qui m'avaient vu, interrogé, constitué prisonnier? Au contraire, si vous admettez mon explication, vous comprendrez aussitôt qu'il ait été très facile au même Ojardias d'obtenir ma mise en liberté, en prouvant que mon arrestation avait été le résultat d'une erreur de personne, et, pour faire cette preuve, il n'avait qu'à produire des lettres de mon père, ou telles autres pièces justificatives dont il s'était sans doute muni pour parer à tout événement. D'ailleurs, le représentant Chazal avait pu faire prendre à Paris des informations exactes sur ma personne, et acquérir ainsi la certitude que je n'étais pas le fils de Louis XVI. C'est évidemment cette certitude qu'il exprime en disant dans l'acte que vous avez lu : *Il* (Ojardias) *a justifié de sa conduite; le fait qui lui était imputé est faux.* La *Quotidienne,* que son dévouement à la restauration met à l'abri de tout soup-çon d'avoir voulu favoriser la cause du duc de Normandie, n'a pas autrement interprété ces termes de mon acte, lorsqu'elle a dit dans l'extrait que j'ai cité, page 23 : « Le sieur Morin a eu l'honneur de mettre sous les yeux de S. A. R. une pièce *qui atteste qu'à l'époque où courut le bruit de l'enlèvement de Louis XVII du Temple, il fut arrêté comme soupçonné d'être l'auguste enfant.* » Si toutes ces autorités ne vous convainquent pas encore, allez dans la ville de Thiers, interrogez ceux de ses habitans qui ont été témoins ou ont eu connaissance de mon séjour chez M. Barge (1); ils vous diront tous, non seulement que je n'ai point été arrêté comme imposteur, mais encore, que, même après ma mise en liberté, on a continué fort long-temps à me regarder comme le dauphin.

» J'ai insisté sur ce point, parce que j'ai voulu d'abord renverser la pierre angulaire sur laquelle repose la partie principale de votre argumentation sophistique. Quelques mots de plus, et l'édifice tout entier s'écroulera de lui-même. »

« Doucement ! reprit mon adversaire; je suis curieux de savoir comment, même en supposant que vous ayez été victime d'une méprise, vous arriverez de là à démontrer que Louis XVII a été enlevé du Temple. »

« Rien de plus aisé, lui dis-je. Puisque j'ai été arrêté par méprise, il fallait de toute nécessité qu'on crût à l'existence du dauphin, parce qu'ordinairement on ne se méprend pas de manière à confondre un être vivant avec un cadavre. Je vais plus loin, et je dis positivement que le duc de Normandie existait; car, dans le cas contraire, le gouvernement eût été certain de sa mort, et alors il n'eût pas envoyé des commissaires pour m'arrêter à sa place. Mais cette arrestation prouve en même temps l'enlèvement du jeune prince : à quoi bon, en effet, courir en toute diligence après moi et s'assurer de ma personne, si le malheureux enfant n'eût point quitté sa prison et qu'il y eût terminé ses jeurs? Joignez à cela la commune renommée, dont le témoignage vaut bien aussi quelque chose; joignez-y tout ce qui m'est arrivé en 1824, les révélations du chef de la contre-police, ma conversation avec le personnage à qui j'avais fait part de mon projet, la profession de foi de M. de Tourzelles; joignez-y enfin les détails pleins d'intérêt publiés par M. *Labreli-de-Fontaine,* bibliothécaire de la duchesse douairière d'Orléans........... »

(1) Notamment le commandant de la garde nationale de Thiers, à cette époque, M. *Chabrol,* encore existant, et demeurant actuellement à Paris.

J'allais poursuivre, lorsque mon ami, qui commençait peut-être à trouver le terrain trop inégal, fut bien aise de saisir un prétexte pour mettre fin à cette discussion. Il m'interrompit en me faisant remarquer quelqu'un qui marchait à peu de distance de nous. C'était un homme de quarante-cinq à cinquante ans, fort et bien constitué : sa taille était moyenne, sa démarche à la fois vive et distinguée, son regard expressif et plein de feu. « Ma foi ! me dit M***, si vous étiez parvenu à me persuader » que le duc de Normandie eût survécu au 18ᵉ siècle, je vou- » drais me le figurer tel que ce monsieur qui passe ici près. J'ai » vu bien souvent Louis XVI dans ma jeunesse ; ses traits sont » encore parfaitement présens à mon souvenir : eh bien ! le croi- » riez-vous ? je retrouve dans cet inconnu tout l'ensemble de sa » personne ; même tournure, même expression dans la physio- » nomie, même air de bonté. En vérité, si le malheureux roi » eût été moins rigide observateur des chastes lois de l'hymen, » je gagerais volontiers que c'est un de ses.......... »

— « N'achevez pas ; c'est son fils ! »

Je pourrais citer, à l'appui de ce que je viens de dire, les er- reurs grossières et patentes remarquées par des contemporains dans des écrits publiés en 1818, 1831 et 1832, par MM. Eckard et St-Gervais, et dont on a soupçonné la source..... Ces écri- vains se sont bien gardés, et pour cause, de nommer les véritables auteurs des désastres de la famille royale..... Ces artisans de tant et tant de forfaits étaient trop haut placés, et on attendait sans doute la récompense de cet oubli volontaire..... Mais ce que je ne puis passer sous silence, ce sont les prétendus morts et blessés le 21 janvier 1793, près la porte St-Denis, lors de l'at- taque prétendue de l'escorte qui accompagnait le roi, laquelle attaque aurait été dirigée par M. Batz, demeurant à Chodieu (Puy-de-Dôme), lesquels morts et blessés n'ont existé que dans l'imagination de M. Eckard, qui a voulu faire sa cour et pous- ser ses amis...... Une tentative devait effectivement avoir lieu à cette époque, mais sous la direction de M. Prousteau de Mont- Louis, vivant et demeurant présentement boulevart Beaumar- chais, nᵒ 83 *bis*, alors lieutenant de la garde nationale de Paris, qui s'était adjoint des hommes de cœur et dévoués, au nombre desquels se trouvaient MM. Viennot, sous-lieutenant, Leclerc, sergent-major, Bonneville, sergent, Picart, caporal, et Leblanc, fusilier de la susdite garde nationale...... Ces braves ne purent rien entreprendre, n'étant pas assez nombreux....... Dans un passage de la brochure de M. Eckard, publiée en 1832, il dit, page 25 : que M. Prousteau de Mont-Louis, présent au moment où l'on procédait à l'autopsie du cadavre de l'enfant mort au Temple le 8 janvier 1795, aurait attesté reconnaître ledit enfant pour être le dauphin, qu'il connaissait parfaitement pour l'avoir vu souvent à la cour et aux Tuileries............ M. Prousteau de Mont-Louis, à qui j'ai communiqué mes observations à cet égard, a positivement déclaré ne s'être point trouvé présent à ladite opération, et n'avoir non plus vu ledit enfant après sa mort..... Que devient, dans ce cas, l'échafaudage d'absurdités, bâti à grands frais, par M. Eckard et autres, au sujet de ce prince infortuné?.....

Je ne dirai plus qu'un seul mot pour anéantir toutes les prétentions de M. Eckard : c'est la note placée au bas de sa brochure publiée en 1832, page 27, dans laquelle il dit qu'une divergence d'opinions politiques entre le père Elysée, chirurgien ordinaire de Louis XVIII, et M. Pelletan, furent l'unique cause qui engagea le roi à ne point réclamer le prétendu cœur que ledit M. Pelletan avait à sa disposition. Vit-on jamais rien de plus absurde? Que de pauvretés pour pallier de grands crimes!

FIN.

94

www.ingramcontent.com/pod-product-compliance
Ingram Content Group UK Ltd.
Pitfield, Milton Keynes, MK11 3LW, UK
UKHW020125080726
13614UKWH00005B/2043